野崎洋光の
やさしいだし

だしで豊かに、健康に
多忙な人こそ、だしで料理を

だしをとるのは面倒。お金がかかりそう。
そんなイメージがあるかもしれませんが、
日本のだしは、世界一かんたんにとれます。

特に、この本でご紹介するだしのとり方は、
かんたんどころか、ほとんどインスタント。
ですが、昆布やかつお節の風味を
生かした、とてもよいだしがとれます。

よいだしは、素材の持ち味を引き立て、足りない部分を補い、
おいしく味をまとめます。
多忙な方にこそ、おすすめです。

また、よいだしは健康のためにもなります。
だしを使えば、不要な調味料を減らすことができ、減塩に。
その味に物足りなさはありません。
できあいの料理で食事を済ますのは容易ですが
他人に命をゆだねているようなものです。

流通が発達していつでも新鮮な素材が手に入る現代だからこそ、
時短調理でも、だしを上手に使うことで
豊かな食生活を送ることができるのです。

よいだしとは

近年、うまみを必要以上に強調され、
だしは濃くないといけない、という風潮があります。
ですが、往々にしてその味は、だしのうまみではなく、
だしに含まれる調味料の塩分によるものです。
知らず知らずのうちに、塩分の濃さに慣れ、
自分の舌で「だしの加減」が感じられない。
これは危険です。

だしは素材を引き立てるもの。
飲んでみて、淡いうまみを感じるくらいがよいでしょう。
余分なうまみは必要ありません。
だしがききすぎると、素材の味が損なわれ、おいしさが失われます。
濃いだしは、バランスをとるために塩分を呼びます。
うまみと感じさせない、ほどよいだしに
素材から出るだしが合わされば、薄味でも
物足りなさは感じません。滋味深い自然の味を楽しめます。

だしと健康

西欧では、乳製品や油脂で料理にうまみを足しますが、
日本料理はだしのうまみを借りることで
油脂や動物性脂肪に頼らない食生活を送ることができ、
健康長寿につながりました。
淡泊な味の野菜も、だしが入れば、満足感の高い味わいに。
結果、調味料も減り、本来の味覚もよみがえり、
減塩につながります。

野崎洋光のやさしいだし◆目次

PART 2
具がおいしい おだしたっぷり煮もの

PART 3
だし香る ふわとろ卵料理

PART 4
飲んでおいしい、むせない酢のもの

PART 5
だしで元気がわく ご飯・めん

野崎流やさしい 1分だしのとり方

だしのとり方はいろいろありますが、長年の経験から、おすすめしたいのがこのやり方。かんたん時短ですぐにでき、苦み、渋みのないきれいでおいしいだしがとれます。

私のおすすめ

素材の味を殺さない濃すぎないだしを

料理では、素材のうまみを引き立てるのが、だしの役割。ですから、だしが濃すぎると、だしのうまみと素材のうまみがけんかして、料理がおいしくなくなります。

時短でもきれいなだしになる

日本のだしは、インスタント感覚でとれる

だしのとり方

インスタントのやさしさ、かんたんさで

80℃の1ℓの湯に昆布5gを入れ、

1ℓの湯を沸かして
ボウルに入れると
約80℃の湯になる

削り節10gを入れる

さわやかな香りのする
削り節をたっぷり

世界でも稀有なだし。中でもこの方法なら、
お茶をいれるようにかんたんで、おすすめです。
煮出さず、昆布とかつお節のうまみを
さっと湯で抽出するので、渋み、えぐみが出ません。
淡いうまみで素材を生かす、きれいなだしがとれます。
市販のものと比べると、頼りない感じがするかも
しれません。しかし、これが本来のだしの味。
飲めば、気持ちとからだが心地よくなります。

だしは経済的。高いものではありません

だしをとるのに使う昆布、かつお節は、
一見、高く感じられるかもしれません。
ですが、お吸いもののお椀1杯を130㎖として
計算すると、だしはたったの30~50円足らずです。

だしがあれば、家で手軽に、家計にやさしく、
からだにもやさしい、おいしい料理が食べられます。
だしをとることを習慣にすれば、
からだや暮らしによい変化があるはずです。

雑味のない、きれいなだしがとれる！

1分おいて

よい削り節は、沈んだりせずに
とどまっている

こす

ざるにキッチンペーパーを
のせてこす

たったの1分でできあがり！

これはいわゆる「一番だし」。
吸いものなどに使用

野崎流やさしい 二番だしのとり方

1分だしをとった後の昆布、削り節を使って
二番だしが同じようにかんたんにとれます。
みそ汁、煮もの、だし巻き卵などに使えます。

昆布やかつお節は、よい素材を使うと
もちろん、おいしいだしがとれます。
高級な削り節や昆布でも、
1回分のだしは、せいぜい30〜50円程度。
よい昆布は少量でもいいだしがとれます。
削り節は、酸化していない
さわやかな香りのものを。

二番だしのとり方

1回めにとった残りの
昆布、削り節をボウルに
入れ、沸騰した
湯500mlを注ぐ

←

5分おいてこす

←

できあがり

一番だし、二番だしは
風味が違います

だしをとった後の昆布、削り節でもう1品

昆布や削り節にはうまみがたっぷり。
だしをとった後は、料理に無駄なく使えます。

ご飯がすすむ香ばしいしょうゆ味

おかかのりの焦がしじょうゆふりかけ

材料（作りやすい分量）

だしをとった後の削り節……25ｇ
焼きのり（全形）……1枚
白炒りごま……10ｇ
うす口しょうゆ……大さじ1

作り方

❶削り節は耐熱ボウルに入れ、電子レンジ（600w）に3分かけ、水分をとばしてほぐしておく。

❷フライパンに❶を入れて弱火にかけ、さらに炒って水分をとばしていく。パラパラになったら細かく手でちぎったのり、ごまを加え、香りが出るまでさらに炒る。

❸❷を片側に寄せて、うす口しょうゆを鍋肌から入れて香ばしい香りを出し、全体を合わせる。

昆布の食感がアクセントに

切り昆布とほうれん草のポン酢和え

材料（2人分）

だしをとった後の昆布……50ｇ
ポン酢しょうゆ……100ml
ほうれん草……1束

作り方

❶鍋にたっぷりの湯を沸かし、ほうれん草をゆでて冷水にとり、水気を絞る。

❷昆布は4cm長さのせん切りにし、ポン酢しょうゆと合わせておく。

❸ボウルに4cm長さに切ったほうれん草と、ひたした昆布を合わせ、器に盛る。

だしポットで少量のだしをおいしくとる

だしは香りが命。できれば、
使う分だけ、そのつどとるのが理想です。
「だしポット」なら、
少量のだしが手軽においしくとれます。

だしは香りが命。使い切れる分量をとる

ひきたてのだしは何ともよい香りがします。
この楽しみは自分でだしをとる人だけの特権です。

昆布とかつお節から抽出された
自然のだしの香りはデリケート。
その分、食材の風味を引き立てる反面、
長くおくと、香りもとびやすいものです。
だしは、使う量だけをひく。
本来、これが基本です。

だしポットで一番だしをとる

だしポットに
だしパック1袋を
入れる

沸騰した湯を
内側の青い目盛り
まで注ぐ

少しのだしでおいしくなる。そんな時には「だしポット」を

とはいえ、料理によっては1リットルも使わない、
少人数世帯も多い昨今、
2人の1回分の料理に使えればよい。
そんな時もあるはずです。

そこで考案したのが「だしポット」と「だしパック」。
みそ汁や汁ものは2杯分、
そばやうどんのだしは1杯分が手軽にとれます。

湯を注ぐだけでうまみが出やすい適温に

「だしポット」のいいところは
少量のだしをとりやすいだけではありません。
熱湯を注ぐと、自然と
香りとうまみが抽出されやすい80℃の湯温に。
手軽なだけでなく、本格的なだしが
おいしくとれるのです。
だしがあれば、食生活がととのいます。
満足感が高まり、余分な調味料を
必要としない味覚に生まれ変わります。

ふたをして
3分間待つ

たったの3分！
できあがり

だしポットで二番だしをとる

一番だしをとった後のポットに、
だしパックを残し、沸騰したお湯を
内側の青い目盛りまで注ぎ、5分間おく。

使っただしポットとだしパックは……

だしパックは素材が決め手

素材がよいから、湯を注ぐだけでおいしいだしに

今回使っただしパックの材料は

本枯節、かつお節は、日本最高品質を誇る鹿児島県指宿産と山川産に限定。手作業で天日干しとかびつけを繰り返して作られます。

函館産天然真昆布。古来より、献上昆布として名高い函館南茅部の前浜で採れた天然の白口浜真昆布。肉厚、香り、雑味のない清澄なうまみが特徴。

•だしパック　商品名:「野崎洋光 日本のだし」 (問):「野崎洋光えんぎ食」お客様センター(TEL:0120-022-306)

器としてのデザイン性にもこだわりました

毎日使うものだから、縁起のよいモチーフを絵柄に

めでたいポット

染付け藍の波に赤絵の「めで鯛」がダイナミックに躍っているデザイン。有田焼の熟練の職人がひとつひとつていねいに絵付けしました。

松竹梅ポット

吉祥模様の「松竹梅」と「四ツ輪繋ぎ」をモダンにデザイン。白磁にすっきりと藍色が映え、和・洋どちらにも調和します。

•だしポット　商品名:「松竹梅ポット」、「めでたいポット」 (問):「野崎洋光えんぎ食」お客様センター(TEL:0120-022-306)

だしの味つけに淡口《うすくち》しょうゆ

だしを使った料理の味つけには、
淡口しょうゆを。おいしさが際立ち、
ご飯にも合う味わいに。

淡口しょうゆとは

関西で生まれた色の淡いしょうゆ。
ゆるやかに発酵・熟成させています。

**野崎さん愛用の
淡口しょうゆ**

長年愛用しているヒガシマル醤油の淡口しょうゆ。原料を発酵熟成させ、甘酒で味をまとめた本格的な淡口しょうゆ。

**だしや具材の色を
生かします**

美しい色あいの淡口しょうゆは、だしにほんのり色と香りを添え、具材の色を生かします。大根などの白い野菜は白く、青菜やにんじんなどの緑黄色野菜は鮮やかに。豆腐、白身魚なども色がきれいに。

**だしの風味を
生かします**

淡口しょうゆは、しょうゆの調理効果で、だしの風味を引き立てます。淡口しょうゆだけの味つけでも味がきちんと決まります。

**野菜の香りを
生かします**

淡口しょうゆは、野菜などの繊細な具材の香りも生かします。野菜の煮ものに使えば、それぞれの風味を引き立て味の違いが楽しめます。

協力　ヒガシマル醤油株式会社

○この本の決まり

計量に使う小さじ1は5ml、大さじ1は15ml、1カップは200mlです。

○レシピの中に出てくる「霜降り」について

食材の余分な脂やアクや汚れを除き、本来の持ち味を引き立てる「霜降り」。「霜降り」すると、だしの風味や香りも生きます。

霜降りの方法

食材をさっと湯に通して引き上げ、ざるにあげて水気をきります。
火が通りやすい食材は、冷水にとって余熱で火が入らないようにします。
冷水にとると、風味を保つことができます。

肉

湯に入れて表面が白っぽくなったら、ざるにあげ、湯をきります。余熱で火が入らないほうがいいものは、冷水にとります。脂分が多い肉、やわらかく仕上げたい肉は、脂肪がかたまらないように、冷水ではなく常温の水にとります。

魚介

湯に入れて表面が白っぽくなったら、ざるにあげ、湯をきります。冷水にとり、うろこや汚れを洗い流します。

野菜

さっと湯にくぐらせてざるにあげ、湯をきります。きのこも同じように霜降りにすると、さっと汚れが落ちます。

PART 1

だしで、汁ものの革命

あたたまるだけでなく、
疲れを癒し、からだをととのえる汁もの。
いつもの汁ものにだしを使うだけで、
見違える味わいに。
味わい深く、後味はすっきり。
手作りの汁ものを飲みだしたら、
市販の味では満足できません。

だしを味わう お吸いもの

お吸いものは、実はかんたん。「主の具＋従の具＋吸い口（季節のあしらい）」をだしでさっと煮て、うす口しょうゆで味つけしてできあがり。ほのかなだしの香りで具を引き立てます。

かまぼことしいたけのお吸いもの

プリッとしたかまぼこに、しいたけのうまみと香り

材料（2人分）

かまぼこ（1cm厚さのもの）……4枚
しいたけ……2枚
にんじん（1cm厚さ×15cm長さに切ったもの）……2切れ
木の芽……4枚

〈つゆ〉

- だし……300ml
- うす口しょうゆ……大さじ1弱
- 酒……小さじ1

作り方

1. にんじんはゆでて冷水にとり、水気をきってひと結びする。しいたけは軸を除いてキッチンペーパーで汚れを落とし、熱湯で霜降りにし、ざるに上げて水気をきる。
2. 鍋に木の芽以外の材料を入れて強火にかける。煮立って材料があたたまったら、火を止める。器に等分に盛りつけ、木の芽を添える。

お吸いものの味つけは、かんたん。だし300mlに、うす口しょうゆ大さじ1弱、酒小さじ1で具を変えるだけでできあがり。

焼き鮭と豆腐のお吸いもの

香ばしい鮭となめらかな豆腐の対比が絶妙

材料（2人分）

甘塩鮭……40g×2切れ
絹ごし豆腐
(3cm×8cm×2cmに
切ったもの)……2切れ
白髪ねぎ、七味唐辛子
……各適量

〈つゆ〉

だし……300ml
うす口しょうゆ
……大さじ1弱
酒……小さじ1

作り方

❶鮭はグリルで香ばしく焼き、半分にする。

❷鍋に豆腐とつゆの材料を入れて中火にかける。煮立ったら火を弱め、豆腐を冷めないようにしておく。

❸器に❶の鮭とともに❷を盛り、白髪ねぎをのせ、七味唐辛子をふる。

MEMO 焼き鮭はおかずやお弁当の残ったものでもよい。

焼き鮭のようにお吸いものの具のひとつに塩気のあるものを入れると、味がおいしく決まります。豆腐の甘みも引き立ちます。

はんぺん、わかめ、三つ葉のお吸いもの

淡いつゆにはんぺん、わかめ、柚子の香りが引き立ちます

材料（2人分）

はんぺん（10cm×3cmに
切ったもの）……2切れ
わかめ（戻したもの）……60g
三つ葉……6本
柚子の皮……適量

〈つゆ〉

だし……300ml
うす口しょうゆ
……大さじ1弱
酒……小さじ1

作り方

❶わかめは10cm長さに切る。三つ葉はさっとゆでて3本ずつ束ねて結び三つ葉にする。

❷鍋にはんぺん、わかめ、つゆの材料を合わせて強火にかける。煮立って具材があたたまったら火を弱める。

❸仕上がりに三つ葉を加え、器に盛りつけ、柚子の皮を添える。

ふんわりとしたはんぺんはお吸いものと相性がよいため、主の具になります。軽やかでくせがなく、従の具や吸い口の香りが生きます。

ベーコンとそうめんのお吸いもの

意外にベーコンが合うように、お吸いものの具は自由です

材料（2人分）

ベーコン……3枚
そうめん……40g
大葉……2枚
粗びき黒こしょう……適量
〈つゆ〉
だし……300ml
うす口しょうゆ
……大さじ1弱
酒……小さじ1

作り方

1. ベーコンは半分に切り、熱湯で霜降りにし、水気を拭き取る。そうめんはゆでて冷水でもみ洗いをし、水気をきっておく。
2. 鍋につゆの材料、ベーコン、そうめんを入れて強火にかける。煮立って具材があたたまったら器に盛り、大葉をあしらい、粗びき黒こしょうをふる。

ベーコンの塩気も淡い香りのだしをおいしく引き立てます。そうめんを合わせれば、食欲のない時も食がすすむ主食に。

だしの風味で楽しむ みそ汁

だしを使うと、具のそれぞれの風味が
生き生きと感じられるみそ汁に。
だしが味のベースになるから、
結果、減塩にもつながります。

大根と油揚げのみそ汁

さっと煮た大根の香りと汁を吸った油揚げが味わい深い

材料（2人分）

大根……30g
油揚げ……½枚
わけぎ……5g
だし……300ml
信州みそ……25g

作り方

❶ 大根は5mm角、4〜5cm長さのせん切りにし、下ゆでしてざるに上げて水気をきる。油揚げは油抜きして、縦半分に切り1cm幅に切る。わけぎは小口に切る。

❷ 鍋に大根、油揚げ、だしを入れて火にかける。煮立ったらみそを溶き入れ、再び煮立て、わけぎを加え、器に盛る。

キャベツ、麩、にらのみそ汁

キャベツのやさしい甘み、にらの香りがみそに合います

材料（2人分）

キャベツ……20g
麩……2枚
にら……2本
だし……300ml
信州みそ……25g

作り方

1. キャベツは一口大に切り、下ゆでしてざるに上げておく。にらは4~5cm長さに切る。麩は水で戻し、絞って水気をきる。
2. 鍋にキャベツ、麩、にら、だしを入れて火にかける。煮立ったら火を弱め、みそを溶き入れ、再び煮立たせ、器に盛る。

かぶ、なめこのみそ汁

なめこのとろみは根強い人気。赤みそとも相性よし

材料（2人分）

かぶ……1個
なめこ……20g
わけぎ……2本
だし……300ml
赤みそ……20g

作り方

1. かぶは皮をむいて半分に切り、5mm幅に切る。鍋に湯を沸かし、さっと下ゆでしてざるに上げ、水気をきる。なめこは熱湯で霜降りにしてざるに上げ、水気をきる。わけぎは5cm長さに切る。
2. 鍋にかぶ、なめこ、だしを入れて火にかける。煮立ったら火を弱め、みそを溶き入れる。再び煮立ったら、わけぎを加え、器に盛る。

豆腐、わかめ、三つ葉のみそ汁

みそを替えるだけで豆腐とわかめのみそ汁がいつもと違う趣に

材料（2人分）

絹ごし豆腐……⅛丁
わかめ（戻したもの）
……30g
三つ葉……5本
だし……300ml
赤みそ……20g

作り方

❶わかめは4cm長さに切る。豆腐は半分に切り、さらに8等分に切る。三つ葉は3cm長さのざく切りにする。
❷鍋に豆腐、わかめ、だしを入れて火にかける。煮立ったら火を弱め、みそを溶き入れる。再び煮立ったら、三つ葉を加えて器に盛る。

だしで具の味が引き立つ

具だくさん汁

具だくさん汁にだしを使うと
風味がきいて薄味にできるため、
それぞれの具の持ち味が引き立ちます。
〝具だくさん〟の価値がわかるおいしさです。

けんちん汁

汁たっぷりの炊き合わせのよう。
それぞれの具の違いが楽しめます

材料（4人分）

木綿豆腐……120g
里芋……100g
にんじん……40g
大根……80g
ごぼう……30g
長ねぎ……1本
しいたけ……2枚
こんにゃく……60g
油揚げ……1枚
だし……500ml
A［うす口しょうゆ……25ml
　酒……10ml

作り方

1. 里芋、にんじん、大根は1cm幅のいちょう切りにして熱湯で霜降りにし、ざるに上げて水気をきる。ごぼうはたわしでよく洗い、5mm幅の輪切りにし、水にさらして2〜3回水を替え、ざるに上げて水気をきる。長ねぎは1cm幅の小口切りに、しいたけは軸を除いて4等分に切る。こんにゃくは下ゆでして1cm幅に切る。
2. 油揚げは熱湯をかけて油抜きし、縦半分に切り、細切りにする。
3. 鍋にだし、大根、里芋、にんじん、ごぼう、しいたけ、こんにゃくを入れ、強火にかけ煮立ったら火を弱め、Aを加えて10分ほど煮る。大根、にんじんがやわらかくなったら、ねぎ、油揚げ、手でくずした豆腐を加え、あたたまったら、器に盛りつける。

根菜類も霜降りにすると、具の味も汁の風味も際立ちます。

ごぼうは香りを生かすため、霜降りにせずに加えます。

沢煮椀

ほんのり豚肉の甘みに、細切り野菜の食感がよいアクセント

材料（2人分）

豚バラ薄切り肉
……30g
ごぼう……15g
にんじん……10g
大根……20g
三つ葉……20g
長ねぎ……10g
だし……300ml
うす口しょうゆ
……大さじ1
酒……小さじ1
こしょう……適量

作り方

1. にんじん、大根は3cm長さのせん切りにして、熱湯で霜降りにしてざるに上げる。豚肉も3cm幅に切り、熱湯で霜降りにする。長ねぎは4～5cm長さの細切りにし、三つ葉は3cm長さに切る。ごぼうは皮をこそげ、せん切りにし、水にさらして2～3回水を替え、ざるに上げて水気をきる。
2. 鍋にだし、にんじん、大根、ごぼうを入れて煮る。野菜がやわらかくなったら、うす口しょうゆ、酒を加えて味をととのえる。豚肉を加えてひと煮立ちさせ、仕上がりに三つ葉、ねぎを加える。
3. 器に盛り、こしょうをふる。

野菜は長さと太さをそろえて切ります。口当たりがよくなります。

だしの風味と具の色を生かすうす口しょうゆで味つけを。違いは歴然。

さつま汁

**薩摩地方の郷土料理。鹿児島県名産の鶏肉に
同じく名産のさつまいもの自然な甘みがよく合います**

材料（2人分）

鶏もも肉……100g
にんじん……40g
大根……80g
さつまいも
……100g
しいたけ……2枚
わけぎ……1本
ごぼう……30g
だし……300ml
信州みそ……40g

作り方

1. にんじん、大根は皮をむいて5mm厚さのいちょう切りに、さつまいもは皮つきのまま1.5cm厚さのいちょう切りにし、熱湯で霜降りにしてざるに上げる。鶏肉は一口大に切って熱湯で霜降りにし、水気をきる。しいたけは軸を除いて4等分に切り、わけぎは5mm幅の斜め切りにする。ごぼうは皮をこそげて薄い輪切りにし、水で洗い、水気をきる。
2. 鍋にだし、にんじん、大根、さつまいも、しいたけ、ごぼうを入れ、火にかける。煮立ったら中火にして、野菜がやわらかくなるまで煮る。みそ、鶏肉を加えてひと煮立ちさせる。
3. 仕上がりにわけぎを入れ、器に盛る。

鶏肉は霜降りにして余分な脂を落とし、仕上げに加えるとやわらかく。

お雑煮 すまし仕立て

だし風味のやわらかい焼き餅は正月でなくても食べたいおいしさ

材料（2人分）

ぶり……40g×2切れ
切り餅……2個
ほうれん草……2株
長ねぎ……10cm
大根……4cm
にんじん……2cm
しいたけ……2枚
だし……300ml
うす口しょうゆ……大さじ1
塩、柚子の皮……各適量

作り方

❶ ぶりは両面に薄く塩をふり、30分おく。熱湯にくぐらせ、氷水にとり、水気を拭く。餅はこんがりと焼く。ほうれん草はゆでて4～5cm長さに切る。長ねぎは長さを半分に切り、側面に5か所切り目を入れる。

❷ 大根とにんじんは皮をむいて1cm厚さの輪切りにし、やわらかくなるまでゆでておく。

❸ 鍋にだし、うす口しょうゆ、ぶり、長ねぎ、しいたけ、❷の野菜を入れて中火にかける。煮立ったら、餅を加えてひと煮立ちさせ、火を止める。

❹ ❸の具を器に盛り、ほうれん草をのせて❸のつゆをはる。柚子をのせる。

ぶりは塩をしてから調理すると、味がおいしく決まります。

徐々に温度を上げながら、ぶり、根菜、しいたけのうまみをだしに移します。

PART 2

具がおいしい おだしたっぷり煮もの

野菜をだしで煮るなら、ぜひ薄味で。
持ち味や香りが引き立ち、具だくさんでも
それぞれの野菜の個性が味わえます。
同じ味つけでも具によって味が変わる楽しさも。
具の風味が溶け出た煮汁は味わい深く、
飲み干したくなるおいしさです。

ほうれん草としいたけのさっと煮

**相性のよいほうれん草としいたけをおだしでさっと煮れば、
それぞれの香りが引き立ちます**

材料（2人分）

ほうれん草……4株
しいたけ……2枚
長ねぎ……1本

A
- だし……200ml
- うす口しょうゆ……大さじ1弱
- 酒……小さじ1

作り方

❶ しいたけは軸を取り、熱湯でさっと霜降りにする。ほうれん草は鍋に湯を沸かしてさっとゆで、冷水にとって水気を絞る。長ねぎは2cm幅の斜め切りにする。

❷ 鍋にAを合わせ、ねぎ、しいたけを入れて中火にかける。煮立ってねぎに火が通ったら、もう一度水気を絞って5cm長さに切ったほうれん草を加え、あたたまる程度にさっと煮る。

ねぎに火が通ったら、ほうれん草は仕上げに入れて色と香りを生かします。

じゃがいも、しいたけのさっと煮

ほろりと煮えたじゃがいもにしいたけの香り。
いつもの野菜もだしで煮れば、ぜいたくな味わいに

材料（2人分）

じゃがいも……1個（150g）
しいたけ……2枚
絹さや……3枚
長ねぎの青い部分……1本分
A ┌ だし……200ml
　 │ うす口しょうゆ……大さじ1弱
　 └ みりん……小さじ1
粗びき黒こしょう……適量

作り方

❶ じゃがいもは皮をむいて半分に切って1cm幅に切り、やわらかくなるまで下ゆでする。しいたけは軸を取って熱湯で霜降りにする。絹さやは、へたを切り落とし、さっとゆでる。

❷ 鍋にA、じゃがいも、しいたけ、長ねぎの青い部分を入れて中火弱にかけ、具材に火が通る程度にさっと煮る。途中、5分ほどしたら、長ねぎの青い部分を取り出す。器に盛り、絹さやを添え、粗びき黒こしょうをふる。

じゃがいもは下ゆでをすると、薄味でも味が入りやすくなります。

しいたけは霜降りにすると雑味が取れ、煮るときれいなうまみが出ます。

ねぎの青い部分を入れて煮ると自然の甘みが出ます。香りが出すぎないように途中で取り出します。

アスパラ、油揚げ、しらたきのさっと煮

さっとできるのに、だしがしみた油揚げは格別の味。
油揚げから軽くコクも出て、おかず風に

材料（2人分）

グリーンアスパラガス……3本
油揚げ……1枚
しらたき……100g
A
- だし……200ml
- うす口しょうゆ……大さじ1
- みりん……小さじ1

作り方

1. アスパラガスは根元のかたい部分の薄皮をむいてゆでて、2cm長さの斜め切りにする。しらたきはゆでてざるに上げ、5cm長さに切る。油揚げは湯をかけて油抜きして半分に切り、2.5cm幅に切る。
2. 鍋にA、油揚げ、しらたきを入れ、中火にかける。煮立ったら、2分ほど煮てアスパラを加え、あたためる程度に火を通す。

アスパラの根元のかたい部分を削ると、歯触りがよくなります。

だしに調味料を加え、油揚げとしらたきを入れてから火にかけます。徐々に温度が上がるうちに具に味が入ります。

アスパラはゆでて仕上げに加えて、香りと食感を生かします。

豚バラと大根のさっと煮

**だしがきいた煮汁で、豚肉を煮びたし風に。
豚バラ肉と相性のよい大根は
薄切りにすると、早く味がしみ込みます**

材料（2人分）

豚バラ肉……100g
大根……100g
長ねぎ……1本
A［だし……200ml
　うす口しょうゆ……大さじ1
　酒……小さじ1強
粗びき黒こしょう…適量

作り方

❶豚肉は10cm長さに切る。大根は10cm長さの短冊切りに、長ねぎは5mm幅の斜め切りにする。鍋に湯を沸かし、大根をざるに入れてさっと下ゆでして取り出す。豚肉も同じ湯で霜降りにして水にとって洗い、水気を拭く。

❷鍋にAを入れて中火にかけ、大根を入れてさっと煮る。火が通ったら長ねぎを加え、長ねぎに火が通ったら豚肉を加え、ひと煮立ちしたら火を止める。器に盛り、粗びき黒こしょうをふる。

さっと霜降りにすると、大根のクセが消え、だしの風味が引き立ちます。

豚バラ肉は霜降りにすると余分な脂が落ち、煮汁も澄んだ味に。

ねぎに火が通ったら、豚肉を加え、ひと煮立ちしたら火を止め、やわらかく仕上げます。

煮汁まで飲みたい筑前煮

**薄味だから、具のそれぞれの持ち味が楽しめ、
煮汁は飲み干したくなる味に**

材料（2人分）

鶏もも肉……150g
里芋……100g
にんじん……50g
れんこん……50g
ごぼう……50g
しいたけ……2枚
こんにゃく……50g
絹さや……3枚
長ねぎの青い部分……1本分
A［だし……400ml
　 うす口しょうゆ、みりん……各50ml

冷たい煮汁から野菜類、しいたけを煮ると、うまみがよく出ておいしくなります。

野菜が煮えてから、鶏肉を加えると、鶏肉がやわらかく仕上がります。

作り方

❶鶏肉は一口大に切る。ごぼうは皮をこそげて5mm幅の斜め切りにする。絹さやはへたを切ってゆでる。

❷里芋は皮をむいて一口大の乱切りにし、にんじん、れんこんは皮をむいて一口大に切る。しいたけは軸を除く。こんにゃくは水からゆでこぼし、スプーンで一口大に切る。

❸❷をすべてざるに入れ、鍋に湯を沸かし、霜降りにして水気をきり、別の鍋に入れる。ざるに鶏肉を入れ、同じ湯で霜降りにして水気をきる。

❹鍋に鶏肉以外の❸、ごぼう、A、長ねぎの青い部分を入れて強火にかけ、ひと煮立ちしたら中火弱で煮る。煮汁が半分ほどに煮つまったら、長ねぎの青い部分を取り出して鶏肉を加え、鶏肉に火が通ったら、器に盛り、絹さやを添える。

いか、しめじ、春菊のさっと煮

いかの煮ものは、甘辛味だけにあらず。
だしで煮るといかの風味と春菊の香りが引き立ちます

いかはもみ洗いしてぬめりを落としてから煮ると、煮汁もきれいに。

いかを70℃くらいの湯でさっと霜降りにすると、甘みが引き立ちます。

冷たい煮汁にしめじといかの足を入れ、うまみを煮出してから胴を加え、さっと煮てやわらかく仕上げます。

材料（2人分）

いか（刺身用）……½ぱい
しめじ……½パック
春菊……½束

A
- だし……200ml
- うす口しょうゆ……大さじ1
- 酒……小さじ1

作り方

❶いかは胴と足の間に指を入れて軟骨を除き、胴から足をはずして流水で洗い、水気を拭く。胴は1cm幅の輪切りにし、足は2本ずつに切る。

❷鍋に70℃くらいの湯を沸かして（鍋に1ℓの湯を沸かして火を止め、400mlの水を入れると、70〜75℃になる）❶を霜降りにし、冷水にとり水気を拭く。胴は3〜4等分に切る。

❸しめじは石づきを除いてざっと分け、30秒ほど霜降りにする。春菊は葉をちぎり、さっとゆでてざるに上げる。

❹鍋にA、しめじ、いかの足を入れて火にかける。煮立ったら、いかの胴、春菊を加えてあたたまる程度に煮る。

なすの揚げ煮びたし

**揚げたなすをだしでさっと煮ると、あっさりと
だしの風味がからみ、甘みが引き立ちます**

なすはさっと高温で揚げると、油っこくなりません。

ねぎの香りを移した煮汁でなすとアスパラをさっと煮たら、できあがりです。

材料（2人分）

なす……2本
グリーンアスパラガス……2本
長ねぎ……1本
しょうがのせん切り……10g
A ［だし……200ml
　 うす口しょうゆ、みりん……各25ml
揚げ油……適量

作り方

❶なすはへたを落として縦4等分に切る。アスパラガスは根元のかたい部分を切り落とし、5cm長さの斜め切りにする。長ねぎは5cm長さに切る。

❷170℃に熱した揚げ油でなす、アスパラを色がつかないように素揚げし、バットに上げ、油をきる。

❸鍋にA、長ねぎ、❷、しょうがを入れてひと煮立ちさせて火を止め、器に盛る。

さっと煮おでん

煮すぎないから、素材のうまみが逃げず、
だしの風味が生きたおでんに。練りものを仕上げに加えて

材料（4人分）

大根……¼本
ごぼう……20cm
こんにゃく……½枚
さつま揚げ……2枚
はんぺん……½枚
卵……4個
A ┌ だし……1ℓ
 │ うす口しょうゆ……40ml
 └ 酒……10ml
米ぬか*……30g
＊米ぬかがない場合は米のとぎ汁で代用可。

大根とごぼうは下ゆでしておくと、煮汁の味が入りやすくなります。

野菜を先に煮て、味を含ませてから練りものを加えてさっとうまみを出します。

最後にはんぺんを加えたら、ふくれるまで煮てできあがり。

作り方

❶大根は皮をむいて3cm厚さの輪切りにする。鍋に水、大根を入れ、一度煮立たせてから20分ゆでこぼす。ごぼうは皮をこそげて4～5cm長さに切る。鍋に水、ごぼう、米ぬかを入れて一度煮立たせてから20分ゆで、ゆでこぼし、湯で米ぬかを洗い落とす。こんにゃくは水からゆでこぼし、8つに切る。さつま揚げは湯をかけて油抜きをする。はんぺんは4等分の三角に切る。

❷鍋に卵、たっぷりの水を入れて火にかけ、沸騰したら、そのまま10分ゆで、冷水にとって殻をむく。

❸鍋にAを合わせて大根、ごぼう、こんにゃく、ゆで卵を入れて中火にかける。野菜に火が通ったら、さつま揚げ、はんぺんを加え、はんぺんがふくらんだら火を止める。

冷やしおでん

トマトとだしのうまみの相乗効果で夏においしい冷やしおでん。
冷たくあっさりとして、きゅうりもだしによく合います

材料（4人分）

里芋……4個
トマト……1個
きゅうり……1本
厚揚げ……1枚
ちくわ……2本
大葉のせん切り……5枚分

A
- だし……500ml
- うす口しょうゆ……35ml
- みりん……大さじ1

米ぬか*……30ｇ

＊米ぬかがない場合は米のとぎ汁で代用可。

作り方

❶里芋は六角形になるように皮をむく。鍋に水1ℓ、米ぬか、里芋を入れて火にかけ、やわらかくなるまでゆでてざるに上げ、湯で米ぬかを洗い落とす。トマトは湯むきし、4等分に切る。きゅうりは6cm幅に切って種を取る。厚揚げは湯をかけて油抜きし、8等分に切る。ちくわは3等分に切る。
❷鍋にA、里芋、ちくわ、厚揚げを入れて火にかける。具材に火が通ったら、トマト、きゅうりを入れて火を止める。
❸鍋ごと氷水で冷やし、冷えたら器に盛り、大葉をのせる。

里芋は米ぬかを入れた湯でゆでると白くきれいに仕上がります。

だしと相性のよい、うまみ豊富なトマトも具に加えます。

きゅうりは仕上げに入れて、鮮やかな緑色を生かします。

鍋ごと氷水につけて冷やします。

PART 3

だし香る ふわとろ卵料理

だしの中に浮かんだふわとろ卵。
だしの香りを封じ込めた卵焼き。
できたての熱々は、
外では食べられない
家で手作りならではの
至福のおいしさ。

トマトとセロリの卵とじ

**たっぷりのおだしにふんわり卵。
セロリとねぎの香り、トマトの
おだやかな酸味がよいアクセントに**

材料（2人分）

トマト……½個
セロリ……1枚
わけぎ……1本
だし……300ml
うす口しょうゆ
……大さじ1
卵……1個

作り方

1. トマトは湯むきして、4等分のくし形切りにする。わけぎとセロリは、5cm長さの斜め薄切りにする。
2. 鍋にだし、うす口しょうゆ、トマト、セロリを入れて強火にかける。煮立ったら少し火を弱め、溶いた卵を回し入れる。半熟状になってきたら、わけぎを加えて火を止める。

溶き卵は煮立った煮汁めがけて回し入れ、火を止めて、余熱で卵をふんわりと仕上げます。

オクラ、モロヘイヤ、とろろの卵とじ

**さっと煮たとろろが軽やかなお餅のような食感に。
栄養価豊富な野菜をだしと卵で健康的にいただきます**

材料（2人分）

オクラ……2本
モロヘイヤ……½束
長いも……70g
だし……300ml
うす口しょうゆ
……大さじ1
卵……1個

作り方

1. オクラは縦4等分に切って種を取り、3cm長さに切る。モロヘイヤとともに20秒ほどゆで、冷水にとって水気を絞っておく。長いもはおろし金でおろしておく。
2. 鍋にだし、うす口しょうゆ、オクラ、モロヘイヤ、とろろを入れて強火にかける。沸いたら火を弱め、溶いた卵を加えて火を止め、器に盛る。

とろろは火が通ると、餅のようになります。つゆにも自然なとろみが。

玉ねぎ、にんじん、わかめの卵とじ

玉ねぎとわかめの香りはよく合います。
にんじんを彩りに、卵でとじればやさしい味わいに

材料（2人分）

玉ねぎ……½個
にんじん……50g
わかめ（戻したもの）
……30g
だし……300ml
うす口しょうゆ……大さじ1
卵……1個

作り方

1. 玉ねぎは横に1cm幅に切る。にんじんは皮をむいてせん切りにし、さっと霜降りにする。わかめは5cm長さに切る。
2. 鍋に卵以外の材料を入れ、強火にかける。煮立ったら少し火を弱め、溶いた卵を回し入れ、半熟状になったら火を止め、器に盛る。

油揚げとねぎの柳川風

油揚げから薄味のだしがじゅわっと。
青ねぎの香りも引き立ちます。ご飯にかけて丼風に楽しんでも

材料（2人分）

油揚げ……1枚
わけぎ……2本
ごぼう……50g
卵……3個
A だし……160ml
うす口しょうゆ、
みりん……各20ml

作り方

❶油揚げは湯をかけて油抜きをして1cm幅に切る。わけぎは斜め薄切りにする。ごぼうは皮をこそげてピーラーで薄く削り、水にさらす。

❷小さめのフライパンに水気をきったごぼう、わけぎ、Aを入れて強火にかける。煮立って具材に火が通ったら、油揚げを加えて溶いた卵を回し入れ、半熟状になったら器に盛る。好みで粉山椒をふる。

だし巻き卵

たっぷりのだしを含んだ卵焼きはやっぱり特別。熱々はだしが香り、冷めるとだしがなじんで、それぞれのおいしさが楽しめます

材料（作りやすい分量）

卵……3個

A
- だし……50ml
- 砂糖……大さじ1
- うす口しょうゆ……10ml

サラダ油……約大さじ1

大根おろし、しょうゆ……各適量

作り方

❶ボウルに卵を割りほぐし、Aを加えて混ぜ合わせる。大根おろしにしょうゆを好みの量混ぜておく。

❷卵焼き器を強火でよく熱し、サラダ油をしみ込ませたキッチンペーパーで薄くサラダ油をひく。ぬれ布巾に卵焼き器をのせて一度、温度を下げ、再び中火にかける。

❸卵液を⅓量ほど❷に流し入れ、半熟状になったら、卵焼き器の奥側から手前に卵を巻き、空いた部分にサラダ油を薄く塗り、卵を奥側へ移す。

❹空いた手前側にサラダ油を薄く塗り、残りの卵液の½量を流し入れ、巻いた卵を菜箸で少し持ち上げ、下に卵液を流し込んで、❸と同じように巻く。巻いた卵を奥側へ移す。

❺残りの卵液を流し入れて繰り返して同じように焼く。器に盛り、❶の大根おろしを添える。

卵液は一度に入れず、3回に分けて流し入れます。

卵焼きを少し持ち上げ、卵液を下に流してから巻くと、卵焼きがばらけません。

卵焼き器を傾けながら、卵を巻いていきます。

焼き上がったらすぐに巻きすにとって形をととのえます。

餅とめかぶの茶碗蒸し

おだしをたっぷり含んだふるふるの茶碗蒸しから
香ばしいお餅と香りのめかぶが。
余分な具が入っていないから、卵とだしの風味がストレートに楽しめます

材料（2人分）

めかぶ……60ｇ
切り餅……1個
卵……1個
だし……150ml
うす口しょうゆ……小さじ1

お餅は焼いて香ばしさを出してから卵液と合わせます。

めかぶは焼き餅を入れてから上に引き上げておくと（上）蒸し上がった時に沈みません（下）。

作り方

❶切り餅は4つに切り、焼いておく。ボウルに卵を溶きほぐし、だし、うす口しょうゆを合わせてから混ぜ、こして卵液を作る。

❷卵液にめかぶを加えて混ぜ、器に等分に流し入れ、焼き餅を加える。

❸表面の泡を取り除き、湯気の立った蒸し器に入れ、ふたと蒸し器の間に割り箸をはさんでふたをし、強火で3分蒸す。表面が白く固まったら、弱火で10分ほど蒸す。

❹茶碗蒸しに竹串を刺し、中から澄んだ汁が出たら、蒸しあがり。

牡蠣の清海《せいかい》茶碗蒸し

蒸したかきの濃厚なうまみと
だしを含んだやさしい卵の風味が渾然となり、
後をひくおいしさに

かきを裏ごしして
なめらかにします。

卵にかきのうまみ
が入り、ぜいたく
な味わいに。

材料(1人分)

かき(加熱用)……2個
生のり(なければ焼きのりを
　ちぎったもの)……5g
卵……1個
だし……150ml
うす口しょうゆ……小さじ1

作り方

❶かきは洗って水気をきり、裏ごしする。ボウルに卵を溶きほぐし、だし、うす口しょうゆを合わせて混ぜ、こして卵液を作る。
❷❶の卵液のボウルにかき、生のりを合わせて器に等分に流し入れる。
❸表面の泡を取り除き、湯気の立った蒸し器に入れ、ふたと蒸し器の間に割り箸をはさんでふたをし、強火で3分蒸す。表面が白く固まったら火を弱めて10分ほど蒸す。茶碗蒸しに竹串を刺し、中から澄んだ汁が出たら蒸し上がり。

PART 4

飲んでおいしい、むせない酢のもの

ノンオイルでヘルシーな酢のもの。
だしを加えた加減酢で作れば、
ツンとこないおだやかな酸味で味わいが深まり、
残さず飲んでしまうほどのおいしさです。
配合さえ押さえれば、具は好みのもので。
おかわりしたくなるあっさり感。食欲もわきます。

覚えやすい配合。
いろいろ使える

加減酢

だし……………………7
うす口しょうゆ………1
酢…………………………1
削り節……………適量

もずくととろろの酢のもの

だしがたっぷりの加減酢にもずくを合わせると、
甘酢味とはひと味違うおいしさに、するすると箸が止まりません

材料（2人分）

もずく……100g
大和芋……5g
しょうがのすりおろし……5g

〈加減酢〉

だし……200ml
うす口しょうゆ、酢……各大さじ2
削り節……適量

作り方

❶ 鍋に加減酢の材料を合わせてひと煮立ちさせ、ボウルにこして冷水につけて冷ます。100mlは、もずくの漬け汁用に取り分けておく。大和芋はすりおろす。

❷ もずくは水洗いしてざるにあげ、鍋に湯を沸かしてさっとざるごとくぐらせ、氷水に浸して混ぜ、ぬめりを取って、水気をきる。食べやすい長さに切り、❶の取り分けた加減酢に10分漬ける。

❸ 器に❷を盛り、残りの加減酢を注ぎ、とろろ、しょうがをのせる。

だし、うす口しょうゆ、酢を合わせた加減酢に追いがつおをして味わい深く。

もずくは熱湯にくぐらせてから氷水につけ、混ぜながら、ぬめりの取れ具合を確かめます。

焼きなすの酢のもの

香ばしくてなめらかな焼きなすに、おだやかな酸味。
あっさりしているのに、だしの香りに食欲がわいてきます

材料（2人分）

なす……2本
そうめん……10g
みょうが……¼本
しょうがのすりおろし……少々

〈加減酢〉

だし……200ml
うす口しょうゆ、酢……各大さじ2
削り節……適量

あさつき……1本

なすは菜箸などで穴をあけると火が通りやすい。

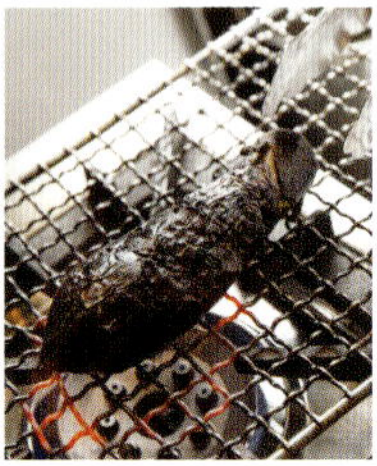

なすは直火で、皮が焦げるまでがんがん強火で焼くと、身がとろとろに。

作り方

❶ 鍋に加減酢の材料を入れて火にかけ、煮立ったらボウルにこして冷水につけて冷ます。

❷ なすは菜箸などで穴をあけ、直火で表面が焦げるまで焼く。水にさっととり、皮をむいてへたを取り、手で4等分に裂く。

❸ 鍋に湯を沸かし、そうめんをゆでる。冷水でもみ洗いし、水気をきる。みょうがはせん切りにする。

❹ 器に❷、❸を盛りつけ、❶を注ぎ、しょうが、あさつきを添える。

焼きなすは皮をむきやすいように冷水にさっととります。水っぽくならないようにすぐ引き上げて。

焼きなすは包丁で切るとおいしくない。へた側から繊維にそって手で裂きます。

少し甘めの加減酢が
魚や肉を引き立てます

南蛮酢

だし	7
酢	3
うす口しょうゆ	1
みりん	1
砂糖	½

あじの南蛮漬け

揚げたてを自家製の南蛮酢に漬ければ、
魚の南蛮漬けの香りが違います

材料（2人分）

あじ……2尾（約150g）
パプリカ（赤・黄）……各½個
ピーマン……½個
玉ねぎ……¼個
しいたけ……2枚

〈南蛮酢〉

- だし……140ml
- 酢……60ml
- うす口しょうゆ、みりん……各20ml
- 砂糖……大さじ1

小麦粉、揚げ油……各適量

作り方

❶ あじは水洗いして三枚におろす。骨を抜き、一口大に切る。パプリカ、ピーマンは縦3cm×横1cmの短冊切りにし、玉ねぎも同様に短冊切りにする。しいたけは軸を除き、4等分に切る。

❷ あじに小麦粉をまぶし、170℃の油で火が通るまで揚げ、熱湯をかけて油抜きする。赤パプリカ、黄パプリカ、玉ねぎ、しいたけを加えて素揚げし、同様に熱湯をかけて油抜きする。

❸ ボウルに❷を入れる。鍋に南蛮酢の材料を合わせて入れ、ひと煮立ちさせる。ボウルに注いで10〜15分おき、味をなじませる。器に盛りつけ、最後にピーマンを入れる。

あじの小麦粉は薄くつけます。片栗粉だと、南蛮酢につけた時に衣がくずれやすいので、小麦粉で。

具を湯にさっと通し、油をきります。さっぱりとクリアな味に。

三杯酢（酢、しょうゆ、みりん）に
だしを加えて上品な味に

土佐酢

だし……………………3
酢………………………2
うす口しょうゆ………1
みりん…………………1

たこときゅうりとわかめの土佐酢

**おだやかな酸味とだしの香りに
たこの甘みが引き立つようです**

材料（2人分）

たこの足（ゆでたもの）……1本
きゅうり……1本
わかめ（戻したもの）……10g
わさび……適量
〈土佐酢〉
　だし……90ml
　酢……大さじ4
　うす口しょうゆ、みりん……各大さじ2
昆布……4cm角×1枚

きゅうりには直接塩をあてずに、塩水、昆布に漬けておくと、じんわり塩が入ります。

たこは味が入りにくいので、包丁を上下させて切り口を波型に切り、味がからみやすいようにします。

作り方

1. きゅうりは薄い輪切りにし、立て塩（水200mlに塩3gを溶かしたもの・分量外）に昆布とともに入れ、しんなりさせる。わかめは4cm長さに切り、たこは一口大に切る。
2. 鍋に土佐酢の材料を入れて火にかけ、ひと煮立ちさせ、冷ます。
3. きゅうりの水気を絞り、わかめ、たことともに器に盛る。土佐酢をかけ、わさびを添える。

ゆで鶏のわかめジュレがけ

余熱で火を入れたしっとりとした鶏肉に
土佐酢のジュレがかかれば、おもてなしのメニューにも

材料（2人分）

鶏もも肉……½枚
わかめ（戻したもの）……15g
きゅうり……1本
昆布……5cm×2枚
〈土佐酢（作りやすい分量）〉
だし……30ml
酢……20ml
うす口しょうゆ、みりん……各10ml
粉ゼラチン……1g

作り方

1. きゅうりは薄い輪切りにする。立て塩（水200mlに塩3gを溶かしたもの・分量外）にきゅうり、昆布1枚を入れ、しんなりさせる。わかめは食べやすく切る。
2. 鍋に湯を沸かし、鶏肉を霜降りにする。別の鍋に鶏肉、残りの昆布1枚、ひたひたの水を入れて火にかけ、80℃（1ℓの湯を沸かし、水300mlを加える）を保ちながら15分ゆでる。粉ゼラチンは同量の水で戻す。鍋に土佐酢の材料を入れて火にかけ、沸いたら50mlをボウルに取り分ける。そこに粉ゼラチンを加えて混ぜて溶かし、冷蔵庫で冷やし固める。
3. ゼリーとわかめを合わせる。器に食べやすく裂いた鶏肉、水気をしぼったきゅうりを盛り、わかめゼリーをかける。

霜降りにすると鶏肉から、こんなに汚れや余分な脂が。除けば料理の味がきれいになります。

鶏肉は、昆布とともに水からゆで、徐々に温度を上げることで、うまみが充分に引き出されます。

ゼリーが固まったら、わかめとともに、ゼリーをくずします。

いかのきゅうりおろし酢

**いかの甘みが土佐酢のおだやかな酸味で
際立ちます。きゅうりおろしが色鮮やか**

材料（2人分）

するめいか……¼ぱい
きゅうり……1本
〈土佐酢〉
　だし……大さじ3
　酢……大さじ2
　うす口しょうゆ、みりん……各大さじ1
A　片栗粉……小さじ1
　水……小さじ2

作り方

❶いかは胴から足をはずし、胴を切り開いて、布巾で水気をしっかり拭いて皮をむく。皮側に、包丁をねかせて斜めに格子状に切り目を入れてから、2cm×3cm角に切る。
❷鍋に70℃の湯を沸かし（1ℓの湯が沸騰したら400mlの水を加えると約70℃になる）、❶をさっとゆでて冷水にとり、水気を拭く。
❸鍋に土佐酢の材料を入れて火にかけ、沸いたら、Aでとろみをつけて冷ます。きゅうりをすりおろして水気をきり、土佐酢と合わせてきゅうりおろし酢を作る。器にいかを盛り、きゅうりおろし酢をかける。

土佐酢に少量の水溶き片栗粉でとろみをつけます。混ぜながら加えると、だまになりません。

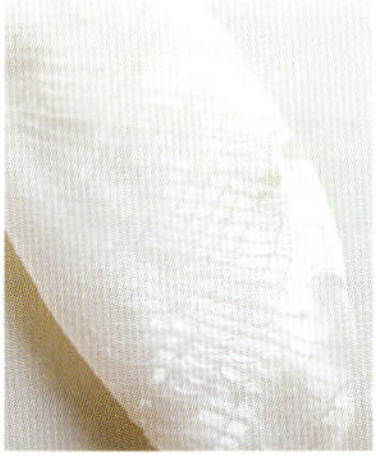
いかは切り身などでなく、さくから松かさ切りにする。見た目もきれいで噛みやすい。

70℃で湯通しするといかが驚くほどやわらかく、甘くなります。

PART 5

だしで元気がわくご飯・めん

ご飯やめん類もだしの風味で
たちまち豊かな味わいに。
お茶漬けや雑炊は、ご飯がさらさらと滋味深く、
そばは驚くほど香りが、うどんは粉の甘みが
引き立ちます。だしが香るつゆを飲めば、
疲れもとれ、からだが癒され、元気がわきます。

だしと調味料の
バランスが絶妙

お茶漬けだし

だし……………………25
うす口しょうゆ………1
酒……………………0.5

だし茶漬け

**ほんのりだしが香る程度の薄味だから、ご飯の甘み、
のりや三つ葉の香り、鮭の塩気がそれぞれ楽しめます**

材料（2人分）

ご飯……150g
塩鮭……1切れ
三つ葉……3本
焼きのり……適量
ぶぶあられ……適量
練りわさび……適量

〈お茶漬けだし〉

だし……300ml
うす口しょうゆ……大さじ1弱
酒……小さじ1

作り方

❶塩鮭はグリルで両面を焼き、ほぐす。三つ葉は3cm長さに切る。

❷鍋にお茶漬けだしの材料を合わせて火にかけ、ひと煮立ちさせる。

❸茶碗にご飯を盛り、ほぐした鮭、三つ葉をのせ、あたためた❷をかける。ぶぶあられ、ちぎったのり、わさびを添える。

にら卵雑炊

**ふんわりした卵、にら、わかめの香りに
だしがほんのりと。
冷やご飯でもおいしい主食に**

材料（2人分）

冷やご飯……150g
わかめ（戻したもの）……40g
にら……5本
長ねぎ……½本
卵……2個

〈雑炊だし〉

だし……400ml
うす口しょうゆ……大さじ1強
酒……大さじ½

**薄い味加減で
ご飯の味を生かします**

雑炊だし

だし……………………25
うす口しょうゆ………1
酒………………………0.5

作り方

❶わかめとにらは4cm長さに切る。長ねぎは5cm幅の斜め切りにする。ボウルに卵を割りほぐす。
❷鍋に雑炊だしの材料を入れて火にかける。洗って水をきったご飯とにらを加え、あたたまったら、わかめ、長ねぎを加える。
❸煮汁が煮立っているところに溶いた卵を回し入れ、少し固まってきたら火を止め、器に盛る。

冷やご飯が固まっていたら、水で洗ってほぐしてから、鍋に入れます。温かいご飯は洗いません。

雑炊だしを沸かし、味が薄まらないようにご飯の水気をしっかりきってから入れます。

だしがにごらないように、溶き卵は沸騰したところに流し入れます。

卵は余熱で仕上げてふんわりと。

しいたけ、ねぎ、三つ葉のつゆそば

澄んだそばつゆに浮かぶそばが香り豊か。
そばつゆはわが家の
新しい定番になるほどのおいしさです

材料（2人分）

そば（乾麺）……1束
しいたけ……2枚
長ねぎ……½本
三つ葉……10本
〈そばつゆ〉
だし……600ml
うす口しょうゆ……40ml
みりん……20ml

作り方

❶鍋に熱湯を沸かし、そばをゆで、ざるに上げて水気をきる。
❷三つ葉は5本ずつの束にして結び三つ葉にする。しいたけは軸を除き、霜降りにする。長ねぎは5cm長さに切り、5か所ほど包丁で切り目を入れておく。
❸鍋にそばつゆの材料を合わせ、長ねぎ、しいたけを入れて強火にかけ、沸いたら火を弱め、そばを加える。再び2分ほど煮て、あたたまったら器に盛り、三つ葉をのせる。

冷たいつゆにしいたけとねぎを入れ、うまみと香りをつゆに移します。

だしで薄味仕立て。
そばの香りが引き立ちます

そばつゆ

だし……15
うす口しょうゆ…… 1
みりん……0.5

麺が太いうどんには
きりっとした味の

うどんつゆ

だし……………………17
うす口しょうゆ……… 1
酒……………………0.5

きつねうどん

**甘みを入れない、薄味仕立ての
うどんつゆに、うどん、ねぎの甘み、
油揚げの香りが際立ちます**

材料（1人分）
うどん（乾麺）……1束
油揚げ……1枚
ほうれん草……2株
長ねぎ……½本
〈うどんつゆ〉
だし……300ml
うす口しょうゆ……大さじ1強
酒……小さじ1

作り方
❶うどんはゆでて氷水にとり、ざるに上げて水気をきる。油揚げは熱湯に浸して1分おき、油抜きして水気を絞り、4等分に切る。ほうれん草はゆでて5cm長さに切る。長ねぎは斜め5cm幅に切る。
❷少し大きめの鍋にうどんつゆの材料、油揚げ、長ねぎ、うどんを入れて強火にかける。沸いたら5分ほど煮て味をなじませ、火を止めて器に盛り、ほうれん草を添える。

湯に油揚げをつけて油抜きをしてから水気を絞ると、油が抜け、うどんつゆが澄んだ味に。

油揚げは冷たいうどんだしに入れて火にかけ、つゆをしっかり含ませます。